MARKETING DIGITAL PARA SUA EMPRESA

MARKETING DIGITAL PARA SUA EMPRESA

JÚLIO CÉSAR JACOVINE

Copyright © 2020 Júlio César Jacovine

Todos os direitos reservados.
ISBN: 979-8-587-739-41-3

Agradecimentos

Agradeço a minha família. Por mais estranho que seja, quem me ensinou tudo, foi a família e o trabalho. A família sempre em primeiro lugar. Minha esposa, Pamella, minha filha, Júlia e meu filho, Theo, porque esses três são motivos de minha alegria diária e minha principal razão para fazer o que eu faço com amor.

Sumário

PREFÁCIO I

INTRODUÇÃO 1

CAPÍTULO I – COMO O MARKETING DIGITAL PODE AJUDAR EMPREENDEDORES CRIATIVOS? 4

Sua empresa tem presença digital? 7

CAPÍTULO II – ENTENDA O QUE É MARKETING DIGITAL 10

O que é Marketing Digital? 11
Como o Marketing Digital funciona? 13
Conceitos importantes dentro do Marketing digital 14

CAPÍTULO III – ESTRATÉGIAS DE MARKETING DIGITAL 18

Como atrair pessoas 19
Nutrindo seus leads 21
Relacionamento 24
Conversão 25
Análise de dados 26

CAPÍTULO IV – ONDE O MARKETING DIGITAL ENTRA NA HISTÓRIA? 27

EMPRESAS FÍSICAS	28
E-COMMERCE	30
TRABALHAR COMO AFILIADO	31
É POSSÍVEL CONQUISTAR ESPAÇO NA INTERNET?	33
PRESENÇA NAS REDES SOCIAIS	34

CAPÍTULO V – DESENVOLVENDO UMA ESTRATÉGIA DE MARKETING DIGITAL 36

MONTANDO UMA PERSONA	38
E-MAILS SÃO FUNDAMENTAIS	41
FERRAMENTAS PARA MARKETING DIGITAL	**42**
ANÁLISE DE RESULTADOS	43
DESIGN	44
FERRAMENTAS DE GESTÃO DO MARKETING	45

CAPÍTULO VI – COMO GANHAR PRESENÇA DIGITAL PARA SUA EMPRESA? 48

RESPONDENDO PERGUNTAS DE SEUS CLIENTES	49
REALIZAR ESTUDOS EM MARKETING	53
BUSQUE POR INOVAÇÃO	54
AUMENTAR SUA REGIÃO DE ATUAÇÃO	55

FIQUE DE OLHO NOS CONCORRENTES 56

CAPÍTULO VII – PARA ONDE DEVEMOS REMAR? 59

TENHA OBJETIVOS CLAROS 60
TORNE SUA EMPRESA MAIS COMPETITIVA 61
TENHA SEUS COLABORADORES DEVIDAMENTE TREINADOS PARA O ATENDIMENTO 62
MANTENHA SUA PAPELADA DEVIDAMENTE ORGANIZADA 64
COMO VENDER MAIS EM MENOS TEMPO? 66
TENHA POUCAS TAREFAS NO DIA 67
ORDENE SUAS TAREFAS POR PRIORIDADE 68
ARREGACE AS MANGAS E PARTA PARA A AÇÃO 70
TOME CUIDADO NA HORA DE PRECIFICAR SEUS PRODUTOS 72
CRIE UM CRONOGRAMA DE PROMOÇÕES 73
INVISTA NA FIDELIZAÇÃO DE SEUS CLIENTES 74

CAPÍTULO VIII – GATILHOS MENTAIS 76

QUAL A DIFERENÇA ENTRE MANIPULAÇÃO E PERSUASÃO? 79
ESCASSEZ 82
URGÊNCIA 85
RECIPROCIDADE 87
AUTORIDADE 90
PROVA SOCIAL 93
PORQUÊ 96

CAPÍTULO IX – INDICATIVOS DE UMA EMPRESA SAUDÁVEL — 100

Equipe harmoniosa e devidamente treinada — 102
Ter uma boa gestão — 103
Feedback dos clientes — 105
NPS — **106**
Cálculo do NPS — 108
Fácil de ser aplicado — 110
Visão abrangente — 110

CAPÍTULO X - SWOT — 112

Fundamentos da análise SWOT — 113
Forças — 114
Fraquezas — 115
Oportunidades — 115
Ameaças — 116
Montando a matriz SWOT — 117

CAPÍTULO XI – GESTÃO FINANCEIRA — 119

A gestão financeira correta — 120
Controle de caixa — 121
Giro de estoque — 122
Gestão de clientes — 123

CAPÍTULO XII - GEOMARKETING — 125

Viabilidade do Produto ou Serviço — 126
Análise do Público — 127
Variáveis do Imóvel — 127

EPÍLOGO — 129

Termina aqui? — 129

PREFÁCIO

"Água mole em pedra dura..."

Eu seguia esse lema, "Água mole em pedra dura tanto bate até que fura", até que consegui alcançar meus primeiros clientes, aos quais eu fazia tudo que era necessário para esse cliente começar na internet. Eu registrava um domínio, criava o site, otimizava para que o site ficasse bem posicionado nos buscadores, divulgava, dentre várias outras coisas, e assim, fui fazendo uma pequena clientela. A partir daí outros serviços agregados surgiam em volta disso, como uma arte para um banner aqui, uma criação de uma logomarca ali, umas fotografias dos produtos desses clientes para postar no site, e outros serviços. Fui seguindo. Nessa época, eu ainda não tinha um negócio sustentável. Eu dava aulas de informática de segunda a sábado e intercalava essas criações nos meus horários disponíveis. Eu dava aulas de webdesign em uma escola famosa, que tinha franquias em todo o Brasil e seguia o conteúdo proposto pela escola e com isso fui aprendendo. É o que acontece quando tentamos ensinar alguma coisa, mais aprendemos do que ensinamos de fato.

Hoje posso dizer que tenho negócios sustentáveis usando o poder da internet.

Entre os erros e acertos que tive, resolvi compartilhar muita coisa que aprendi nesses anos. Estou disponibilizando aqui apenas os acertos; aquilo que realmente funcionou comigo. Os erros me serviram para saber o que realmente pode ser feito para dar certo. Embora eu acredite que não exista uma fórmula mágica, eu creio que existam caminhos plausíveis e possíveis para se alcançar mais facilmente o sucesso.

O que esclareço aqui são os meios pelos quais eu percorri para alcançar. Lembrando que todas as técnicas e ensinamentos que trago nessas páginas a seguir, não são as únicas existentes, muito menos, é o bastante para sabermos.

Espero que você erre o mínimo possível. É isso que pretendo disponibilizar em forma de inúmeros passos, contendo de tudo um pouco, para você pular a parte dos erros e passar para a parte dos acertos e empreender usando o poder da internet em conjunto com outras informações importantes que pretendo mostrar para a gestão do seu negócio.

Introdução

Depois de inúmeras tentativas de empreendimento na internet, passei por caminhos difíceis até aprender, de fato, como me posicionar para tornar meus negócios lucrativos e sustentáveis. Quando comecei, por volta do ano de 2003, eu saía batendo de porta em porta, recebendo um não aqui e um não ali, de vez em quando eu recebia um sim. Eu seguia de empresa em empresa oferecendo meus serviços e tentando convencer pequenos empresários que o futuro estava na internet, que a presença na internet já se fazia necessária mesmo para qualquer pequena empresa. Quando algum empresário se dispunha a me ouvir, eu levava horas e horas explicando e tentando convencê-los, que qualquer empresa poderia ter mais clientes, mais visibilidade e, por consequência, mais lucros se estivesse na internet e estando da maneira correta.

Aprendi muita coisa nesses longos anos; web design, programação, marketing digital, vendas, gestão e muitas técnicas que desenvolvi e apliquei para tornar meus empreendimentos um sucesso. Aprendi desde técnicas simples até técnicas mais elaboradas. Comecei aprendendo que não basta ter um site e uma página na rede social do momento para conseguir ganhar dinheiro usando a internet.

Entendi tudo que era preciso para alcançar um potencial cliente de maneira mais eficiente.

Este pequeno livro explana de forma direta e objetiva todo o trajeto que percorri durantes esses longos anos. Minha ideia aqui é poder compartilhar alguns conhecimentos que aprendi e experimentei, e também algumas "sacadas" que o mundo digital oferece. Sinta-se à vontade para percorrer por esses caminhos de maneira leve e concentrada. Espero que tudo aqui lhe seja útil de alguma forma.

Faça uma boa viagem!

CAPÍTULO I – Como o Marketing Digital pode ajudar empreendedores criativos?

Com os desafios da nossa sociedade atual, o horizonte para novos empreendedores é promissor. No entanto, se você for um empreendedor criativo, literalmente não existem limites para o impacto que você pode gerar em nosso país. O empreendedorismo é a melhor forma para tornar o Brasil uma nação próspera e saudável e, neste contexto, vou explicar como o Marketing Digital está aqui para ajudar novos empreendedores.

Antes de tudo, gostaria de expandir seu conhecimento sobre empreendedorismo e Marketing Digital. Existem muitos conceitos enganosos acerca de abrir uma empresa e você precisa se livrar deles o mais rápido possível.

Para começar, abrir uma empresa não significa necessariamente comprar ou alugar um ponto comercial, pois fazer uso de estruturas na internet também é empreender, e pessoas que fazem isso podem se formalizar como empresa também.

Outro conceito errôneo que você deve abandonar está relacionado à forma de conseguir visibilidade. A maioria dos novos empreendedores sai por aí gritando aos quatro ventos sobre seu novo negócio, e mesmo tendo um alcance espetacular, a empresa acaba tendo prejuízo — e pior, às vezes não sobrevive ao temido primeiro ano. Isso acontece porque a maioria dos empreendedores não consegue localizar seu público-alvo com eficiência, assim como ofertar seus produtos adequadamente para ele. Para solucionar isso, é preciso entender alguns conceitos básicos de Marketing Digital.

Está pronto para se tornar um empreendedor de sucesso? Deixa que eu mostro o caminho para você!

***

O objetivo de toda empresa é expandir, lucrar e ter um empreendimento de sucesso. No entanto, expandir não é uma tarefa fácil, pois são vários fatores que devem ser levados em conta. Para te ajudar nessa tarefa, vou começar listando alguns pontos importantes, embora não menos importantes dos próximos que virão posteriormente, pois, a ordem da informação aqui neste caso não tem relação com ser mais ou menos importante. Ademais, nós vislumbramos tanto informações quanto conceitos que são aplicados em uma empresa virtual, ou seja, empresa que tenha todo seu lucro financeiro obtido pela internet; ou para uma empresa física que vende produtos em um ponto físico, por exemplo. Esses conceitos são usados por grandes empresas no mundo inteiro.

Vamos a algumas estratégias de crescimento para sua empresa poder se destacar em seu setor de atuação. Vamos lá!

Sua empresa tem presença digital?

Você já se perguntou se sua empresa tem presença digital? Essa pergunta é muito valiosa nos dias de hoje. Ter uma presença digital significa, em suma, estar em contato com o público da internet. A princípio, isso faz parecer que o público alvo não está sendo atingido, pois é uma estratégia "genérica" demais, mas na verdade acontece justamente o oposto.

Quando sua empresa inicia na internet, mesmo que dando passos bambos, ela consegue atingir algumas pessoas. Dessa forma, fica cada vez mais comum seus clientes relatarem que escolheram sua empresa por causa de um anúncio ou artigo na internet.

Porém, para conseguir resultados expressivos, é importante fazer o trabalho da forma certa. Por isso, vou te explicar como se posicionar na internet, assim como a melhor tática a ser adotada na sua empresa.

Quando iniciamos, acreditamos que basta estar na internet e tudo se resolverá para nossa empresa. Como se uma mágica fosse acontecer e, de repente, você fosse receber inúmeros pedidos, inúmeras vendas e milhares ou milhões de reais e dólares caindo na sua conta da noite para o dia. A má notícia é: isso não acontece dessa forma! A boa notícia é que, com um pouco de sabedoria e colocando em prática seu aprendizado, isso será possível.

CAPÍTULO II – Entenda o que é Marketing Digital

Os computadores revolucionaram nosso jeito de interagir com as pessoas, a forma como fazemos negócios e até de como nos relacionamos. Dentro de todas essas mudanças, temos também novas modalidades de expor produtos para clientes em potencial, que é justamente onde o Marketing Digital atua e, diga-se de passagem, de forma brilhante.

Quando pensamos na quantidade de pessoas que usam a internet, percebemos o quanto estar neste meio é importante. Só para exemplificar, o número de buscas diárias realizadas no Google está próximo dos 4 bilhões. É muita gente querendo satisfazer alguma necessidade, não é mesmo? Conseguir se destacar no Google pode ser altamente rentável para qualquer empresa.

Vamos explorar um pouco mais sobre o fascinante mundo do Marketing Digital!

O que é Marketing Digital?

O Marketing Digital é uma adaptação do Marketing comum à nova realidade em que vivemos. No caso, a grande expansão da internet. Dessa forma, várias estratégias do Marketing antes da internet ainda são usadas, mas a maior parte foi sendo descoberta quando os pioneiros do mundo digital entenderam o que os usuários da internet queriam.

Assim, podemos dizer que o Marketing Digital é uma evolução do Marketing convencional, pois conta com métricas, métodos e conceitos novos e inovadores. Além disso, por causa da precisão permitida pelas ferramentas de Marketing Digital, hoje compreendemos muito mais o psicológico e os hábitos dos consumidores. É comum, por exemplo, empresas de Marketing Digital usarem técnicas de Inteligência Artificial para realizar previsões, assim como várias outras técnicas matemáticas de ponta.

O Marketing Digital tem um grande apelo pelo conteúdo disponibilizado em sites, posts e qualquer plataforma que fique na internet. No entanto, o conteúdo é bem específico e tem um propósito muito especial: ele serve para ajudar mecanismos de busca a responder questões de usuários. Nesse sentido, quando seu conteúdo é de qualidade e atende às técnicas de SEO (abordarei seu significado adiante), seu site ficará no topo das pesquisas do Google, ou seja, receberá muito tráfego orgânico. Muitas empresas investem milhões todos os anos para alcançar esse patamar. O tão sonhado primeiro lugar na pesquisa do Google.

Como o Marketing Digital funciona?

O Marketing Digital tem uma tarefa muito específica: ganhar espaço para sua empresa na internet. Dessa forma, toda e qualquer estratégia que busque captar novos clientes fazendo uso da Web está dentro do Marketing Digital. Assim, criar um blog para sua empresa, realizar postagens no Instagram e Facebook, e qualquer outra forma de interagir com seu público-alvo pela internet já está valendo.

Uma das vantagens incontestáveis do Marketing Digital é sua aquisição de informação. De fato, ao contrário de um panfleto deixado na caixa de correios de alguém, um e-mail entrega informações sobre o comportamento do usuário, como o tempo até a mensagem ser aberta, cliques realizados pelos usuários e várias informações importantes. Dessa forma, é possível aperfeiçoar suas técnicas ao ponto de deixar seu e-mail irresistível ao usuário.

Vou te apresentar em detalhes algumas estratégias essenciais sobre Marketing Digital.

Conceitos importantes dentro do Marketing digital

Como era de se esperar, o Marketing Digital desenvolveu um linguajar novo para o Marketing como um todo, e pessoas que não estão no ramo podem ficar perdidas durante uma conversa. Vamos dar uma pincelada em alguns conceitos importantes:

- **SEO:** Falamos um pouquinho sobre SEO acima, mas não explicamos sobre o conceito. SEO significa *Search Engine Optimization*, ou seja, Otimização para Mecanismo de Busca. Um site trabalhado com técnicas de SEO será facilmente encontrado pelos robôs do Google, fazendo com que ganhe bastante visibilidade na internet.
- **Landing Page:** As também chamadas LP's são páginas que possuem apenas um propósito: elas buscam coletar informações importantes de seu potencial cliente. Dessa forma, geralmente são páginas únicas, que oferecem algum

material e em troca pedem o nome e e-mail do usuário.
- **Lead:** *Leads* são pessoas interessadas em seu produto, representando uma oportunidade de negócios. O Lead é o seu potencial cliente. Assim sendo, o ideal é nutrir seus *leads* até o momento de compra.
- **Funil de Vendas:** É impossível conversar sobre Marketing Digital e não falar sobre Funil de Vendas, pois é um dos termos centrais do Marketing *Online*. O Funil de Vendas é a trajetória do cliente, indo desde a descoberta de algum problema até a sua solução; em geral a solução é o produto que você está oferecendo, e o fim do funil é fechar um negócio.
- **Persona:** Se você vai fazer uma estratégia de Marketing Digital, ela

precisa de um alvo, e a Persona é justamente esse alvo. Uma Persona nada mais é do que uma pessoa fictícia que simboliza o cliente ideal. Para criar uma Persona é necessário conhecer quem são seus clientes e quais características são comuns a eles.

Agora que você sabe um pouco mais sobre Marketing Digital, vamos ver algumas estratégias interessantes sobre esse tema.

CAPÍTULO III – Estratégias de Marketing Digital

Uma estratégia é um conjunto de planos focados em um único objetivo. Esse conceito deriva do xadrez e é verdade em qualquer contexto. O Marketing Digital é mestre em estratégias para atingir um determinado objetivo. Existem muitos objetivos que podem ser alcançados através do Marketing Digital.

Em suma, podemos dizer que todas as estratégias têm um único propósito: fazer com que o usuário obedeça a uma ordem simples. É claro que estamos sendo genéricos aqui, pois uma ordem simples pode ser para ler um artigo, clicar em um link ou simplesmente fazer uma compra. Tudo depende do objetivo final da estratégia que a empresa está performando.

Existem estratégias que visam aumentar a autoridade de uma marca em um determinado assunto. Assim, por meio de conteúdo especializado, vídeos explicativos e casos de sucesso, é possível fazer com que uma marca pouco conhecida se torne referência no mercado. Embora explicar uma estratégia seja fácil, colocá-la em prática é um verdadeiro desafio. Vamos aprender mais sobre isso.

Como atrair pessoas

Atrair pessoas talvez seja o primeiro passo de qualquer estratégia de Marketing Digital. Na verdade, atrair pessoas é tão importante que damos um nome especial para essa atividade: *Inbound Marketing*.

O Inbound Marketing trabalha com as dores de seus consumidores, ou seja, com os pontos que são importantes para ele. Para exemplificar esse conceito, pense em uma pessoa que furou o pneu em plena estrada e não sabe como trocá-lo. O que ela vai procurar no Google? Certamente algo próximo de "como trocar pneu carro". Ao olhar para o ranking do Google, encontrará a solução para seu problema e muito provavelmente até mesmo uma borracharia ou loja de pneus próxima a ela. Já imaginou se é sua loja de pneus a primeira do ranking? Essa é a proposta básica do Inbound Marketing.

O cerne da estratégia de atrair pessoas é o Marketing de Conteúdo, que nada mais é do que elaborar material informativo irresistível para sua *persona*. Dessa forma sua empresa ficará bem ranqueada nas buscas e contará com um ótimo tráfego orgânico. Existem outros meios, como vídeos, podcasts e assim por diante, mas nada se compara a um bom artigo publicado na internet.

Compreender em profundidade seus consumidores é saber seus anseios, medos e necessidades. Esse conhecimento abre a possibilidade para uma comunicação entre empresa e cliente, tornando muito mais fácil vender o produto certo para quem precisa. No final, sua empresa ganha e o cliente também.

Nutrindo seus leads

A nutrição de *leads* talvez seja uma das estratégias de maior impacto dentro do Marketing Digital, estando de mãos dadas com o Marketing de Conteúdo.

Um dos objetivos principais do Marketing Digital é atrair *leads*. Para isso, é preciso determinar quem é seu público-alvo, qual é o comportamento desse público e como as pessoas que fazem parte dele gostam de ser abordadas. Só para exemplificar, podemos pensar em um público que é constituído de jovens abaixo de 30 anos, que gosta de carros e videogames, e não possui uma namorada. O lugar ideal para atrair esse tipo de cliente pode ser o Instagram, usando uma linguagem informal e descontraída e, de preferência, com posts sobre novidades automobilísticas ou dicas de relacionamento.

O objetivo da nutrição de *leads* é transformar um potencial cliente em um cliente efetivamente. Para que isso ocorra, é importante estreitar relações e se posicionar como uma alternativa para satisfazer as necessidades de seus *leads*.

Vamos supor que um usuário entrou em uma de suas *Landing Pages* para fazer download de um ebook gratuito sobre Nutrição e Emagrecimento. Para receber o ebook, naturalmente o usuário deverá deixar seu e-mail ou número de celular. Com essa valiosa informação em mãos, você pode enviar um e-mail com dicas úteis sobre Emagrecimento e Nutrição buscando engajar seu leitor e gerar valor. Além disso, que tal ensinar sobre como se alimentar melhor para ter uma boa saúde, ou como se alimentar melhor para praticar atividades físicas? Após apresentar todas essas informações relevantes para seu usuário, você poderá oferecer com mais facilidade uma consultoria, ou um atendimento personalizado, ou um curso sobre o assunto, ou o que a sua imaginação e o seu empreendimento puder oferecer.

***

Outro ponto interessante sobre nutrir *leads* é manter sua marca na memória recente do usuário. Essa estratégia fará com que o usuário lembre de sua marca em momentos chave, como na hora de comprar um novo produto ou fazer alguma recomendação de marca. Você sabia que Bombril é apenas uma marca de palha de aço? O Marketing da empresa foi eficiente a ponto de suplantar o termo "palha de aço" por "Bombril", pois os consumidores sempre lembravam da marca ao sair para comprar o produto.

Relacionamento

O relacionamento é uma parte fundamental do Marketing Digital, pois, por melhor que seja seu conteúdo, nem todos compram algum produto de primeira: é preciso criar autoridade e confiança entre o consumidor e a empresa. Para fazer isso, seu negócio precisa ser um diferencial na vida dos consumidores, e a melhor estratégia é por conteúdo educativo e de qualidade, que resolva o problema de seus consumidores — ou que pelo menos amenize este mal na vida dele. Com o tempo, sua marca será vista como uma solucionadora de problemas, facilitando muito no processo de compra pelo qual o cliente passa.

Conversão

Ter pessoas consumindo seu conteúdo na internet é um ótimo passo para sua empresa. No entanto, leitores assíduos não mantêm uma empresa de pé: é preciso realizar vendas e fazer a receita entrar no caixa. Esse é o objetivo da conversão. Para realizar a tarefa de conversão, basta direcionar a atenção de seu público para seu produto. Se o engajamento estiver na medida certa, será uma tarefa bastante simples. Porém, se o relacionamento entre a empresa e o consumidor estiver fora de sintonia, as vendas serão baixas nesse momento, sendo um indicativo para melhorias nos processos anteriores.

Análise de dados

Por fim, um dos pilares do Marketing Digital é a análise de dados. Como eu disse no começo do texto, não temos estatísticas precisas sobre um panfleto colocado em uma caixa de correio, mas quando o assunto é e-mail temos ferramentas para saber de tudo. No entanto, o exemplo do e-mail foi apenas para ilustração, pois podemos coletar dados do Instagram, Facebook, dos blogs e assim por diante. Com dados robustos sobre seus *leads*, suas campanhas de Marketing Digital se tornam cada vez mais precisas e poderosas.

CAPÍTULO IV – Onde o Marketing Digital entra na história?

O Marketing Digital é uma ferramenta maravilhosa a ponto de poder ser utilizado em qualquer estratégia de negócios. Aliás, até mesmo campanhas sem fins lucrativos, como organizar um churrasco comunitário ou um campeonato de futebol amador podem usufruir das técnicas de Marketing Digital. No entanto, é muito utilizado quando envolve algo para ganhar dinheiro, percebe? Mas quero deixar claro que você vai precisar ser criativo e analítico para conquistar seu espaço. Vou te ensinar essa fórmula fantástica, e com essa fórmula, além de você poder ajudar as pessoas, você poderá ganhar dinheiro com a internet - ou pelo menos melhorar sua performance neste sentido.

Empresas físicas

Se você trabalha com empresas físicas e com pontos comerciais, quero lhe dar os parabéns. Por pior que seja o desempenho de seu negócio, você já deu o primeiro passo no mundo do empreendedorismo e isso significa que o sucesso está próximo. Vamos supor que você trabalha com venda de chinelos e que não tenha nenhuma estratégia de Marketing Digital ainda. Assim fica mais fácil ensinar a aplicabilidade dessa ferramenta em seu negócio.

O primeiro passo para se destacar sendo uma empresa física que vende chinelos é mostrar para os consumidores o motivo de comprar seus chinelos. O que seu produto tem de diferente dos demais? É mais barato? A qualidade é melhor? Seja franco e não minta em nada, pois o consumidor vai descobrir qualquer mentira sobre seu produto, mais cedo ou mais tarde.

Em seguida, para promover sua loja, você pode realizar um sorteio *online*.

É sério.

Você já viu o alcance de um sorteio na internet? Uma postagem de sorteio no Facebook alcança facilmente 16.000 pessoas. Mesmo que algumas delas não se interessem pela sua loja, com certeza vão dar uma olhadinha em seus produtos anunciados lá, e isso pode causar um pico de vendas para você.

E-commerce

A estratégia para e-commerce é bastante diferente da estratégia para lojas físicas. Por mais que pareça algo "atrasado" aos olhos da nova geração, as lojas físicas têm um papel fundamental para o consumidor: elas permitem que o produto seja tocado, visualizado de perto, experimentado e até cheirado se preciso. Esses processos são cruciais no momento da compra. Você tem dúvida em relação a essa afirmação? Lembre-se do cheirinho de carro ou de um tênis novo e da loja de perfumes que você vai entender do que estou falando.

Os e-commerces devem atacar diretamente na venda do produto, ou seja, o consumidor precisa ir a uma loja física para ter contato com o produto, mas sem levá-lo para casa. Em seguida, com a decisão de compra confirmada em seus pensamentos, ele pode procurar pelo produto na internet, e é aí que os e-commerces surgem como uma solução. Uma ótima dica é deixar o valor do produto abaixo do encontrado nas lojas físicas e só informar sobre o frete na hora da compra. Outra estratégia interessante é incluir o preço do frete no valor do produto e colocar "frete grátis" no anúncio. Se o produto possui "frete grátis" no título e for mais barato, mesmo que pouca coisa do que na loja física, suas chances de realizar uma venda são enormes.

Trabalhar como afiliado

Você tem ótimas ideias para mudar o mundo? Sabe como realizar trabalhos profissionais em redação, *design* ou qualquer outra habilidade que renda dinheiro? Se você respondeu "sim" para alguma das perguntas anteriores, você pode criar conteúdo e trabalhar com afiliados. No entanto, se respondeu apenas "não", fique tranquilo: existem vários produtores talentosos para você se afiliar e lucrar junto com eles.

O mercado para afiliados é uma verdadeira mina de ouro. Para você conquistar sua parte, basta dominar as ferramentas e as técnicas desse mercado, da mesma forma que um mineiro deve saber manejar sua picareta para coletar o ouro. Você só precisa explorar o mercado atual com criatividade, analisando as demandas atuais da sociedade.

Uma estratégia para conseguir empreender é montar seu negócio *online* voltado apenas para um nicho. É interessante usar vários produtores também, pois cada produtor costuma ser especialista apenas em algumas áreas. Quer um exemplo? Vamos pensar em um negócio *online* que ajuda empreendedores iniciantes no ramo de bolo em pote. Uma estratégia simples seria ter conteúdo sobre empreendedorismo para atrair *leads*, vender algum curso como afiliado sobre técnicas de empreendedorismo e sobre receitas de bolo. Pronto, você já tem o esqueleto de um negócio *online*. Claro que não é tão simples assim, mas acho que você pegou a ideia, não é mesmo?

É possível conquistar espaço na internet?

A internet tem cobertura no mundo todo. Para ser mais claro, pense na internet como uma grande cidade e nos sites como lojas e cartazes espalhados por ela. Você consegue se destacar em algum lugar de sua cidade? Claro que sim; e o mesmo vale para a internet. No entanto, não podemos ir à "cidade da internet" e colocar um cartaz em uma árvore; precisamos de métodos para isso, como blogs e redes sociais.

Conquistar um espaço na internet é uma tarefa bastante simples, mas que exige dedicação, esforço e uma pitada de jeito para a coisa. O trabalho fica mais fácil quando sabemos exatamente nosso alvo, e é exatamente isso que vou te ensinar a fazer logo a seguir. Bora lá!

Presença nas redes sociais

Ter presença nas redes sociais significa estar visível 24 horas por dia, 7 dias por semana, independente do que aconteça. E olha que essa visibilidade não é pequena: o Facebook possui cerca de 2,2 bilhões de usuários; somente no Brasil são cerca de 130 milhões. Nem o melhor ponto de comércio de Nova York possui tanta visibilidade desse jeito.

É possível ter presença nas redes sociais de diversas formas, e deve-se levar em conta a cultura da empresa, a melhor forma de ser vista pelo público, as cores que a representam e assim por diante. Além disso, é importante escolher a rede social adequada à sua estratégia de Marketing Digital: usuários do Facebook podem não gostar de conteúdos como os do Instagram; da mesma forma, fazer um post no LinkedIn igual ao do Instagram pode ser problemático para sua empresa.

Cada rede social tem um perfil específico de usuário, uma faixa etária, padrões de comportamento e consumo, e tudo deve estar alinhado à sua estratégia. Lembre-se que cada detalhe conta para ser bem-sucedido no Marketing Digital.

CAPÍTULO V – Desenvolvendo uma estratégia de Marketing Digital

Para desenvolver uma estratégia de Marketing Digital, é importante ficar atento às seguintes perguntas:

- Quem é seu público-alvo? Qual a faixa etária? Onde gosta de ir aos finais de semana, quais são seus problemas cotidianos e como você pode ajudá-lo? Responda essas e outras questões que julgar importantes e monte uma *persona*.

- Com base em sua *persona*, você deve atuar no Instagram, LinkedIn ou Facebook? Além disso, qual tipo de post sua *persona* gosta de ver nas redes sociais? É do tipo que fica nas redes sociais para se distrair ou trabalha por meio dela?
- Como sua *persona* procuraria por uma solução no Google? Quais palavras e frases usaria para fazer uma pesquisa rápida no mecanismo de busca? Essa informação é muito importante para elaborar uma estratégia de Marketing de Conteúdo.
- Sua *persona* lê e-mail com regularidade? Ela faz isso por causa do trabalho ou recebe notícias diretamente na caixa de mensagens? Será que consumiria um conteúdo

enviado por e-mail? Em que momento faria isso?
- Qual a linguagem que ela usa no cotidiano? Prefere conversas mais formais ou gosta da informalidade? Será que ela aceita um "a gente" em um post ou simplesmente deixaria de seguir sua página por conta disso?

Existem muitas outras perguntas que devem ser respondidas para se elaborar uma boa estratégia de Marketing Digital, mas como cada caso é um caso, vamos parar por aqui e seguir para o próximo tópico.

Montando uma Persona

O erro mais grave que você pode cometer na internet é tentar agradar todo mundo — isso vale tanto para comentários quanto para negócios. O ideal é que seu público-alvo seja bem definido e tenha características que você consiga "capturar". Dessa forma, você vai entender como seu consumidor pensa, quais são seus problemas e desafios e o que eles desejam de seu produto. Assim fica muito mais fácil elaborar uma estratégia de engajamento. Vai por mim, depois de compreender o padrão de pensamento de seus clientes, as vendas vão aumentar muito em seu negócio, seja digital ou não.

Montar uma *persona* significa estruturar o cliente ideal de seu produto. Para ser preciso nesse processo, colete algumas informações das pessoas que já adquiriram seu produto, pois elas são o "cliente ideal". Vou dar um exemplo de *persona*:

João, 34 anos, gosta de jogar bola aos finais de semana, se preocupa com sua filha de 3 anos, pertence à classe média e quer mudar de emprego. Uma *persona* como essa certamente vai gostar de alguns cursos complementares, como por exemplo de Excel, Power Point, Inglês sendo uma forma de capturar sua atenção e gerar engajamento.

Quando você entende um pouco mais do seu público alvo, até mesmo a comunicação com essa persona apresenta sinais de melhora e, assim, sua oferta pode ficar mais assertiva. Imagine fazer uma divulgação da sua empresa para um possível cliente que você não sabe nada sobre ele. Do que ele gosta ou o que ele faz, ou o que ele almeja alcançar, quais são seus medos, seus anseios, seus desejos, suas angustias, sua classe social, sua idade e por aí vai. É muito mais fácil quando você conhece seu cliente. Quanto mais conhecimento você tem em relação a sua persona, mais fácil você conseguirá vender para ele.

E-mails são fundamentais

Os e-mails são fundamentais para o Marketing Digital, pois, para alguém estar em sua lista de e-mail, essa pessoa deve atribuir alguma confiança para com sua empresa. De fato, ela até ofereceu uma informação valiosa e pessoal, no caso, o e-mail dela, dando permissão para você continuar enviando conteúdo para ela — e é justamente essa sua missão a partir desse momento.

Não tem muito segredo sobre os e-mails, pois você dará continuidade ao que já vinha fazendo antes: atrair, relacionar, converter e analisar. Fique atento ao tamanho do e-mail que será enviado; algumas *personas* não gostam de muito conteúdo. Uma das vantagens do uso de e-mails é a automação de disparos. O usuário clicou em "comprar"? *Pá!* Um e-mail específico é enviado automaticamente para ele. Colocou alguns itens no carrinho, mas não finalizou a compra? Lá vai o sistema de e-mails conversar com o consumidor. Por esses e outros motivos os e-mails representam um ótimo canal para vender seu produto.

Todo este conteúdo foi feito com muito carinho para você, meu querido empreendedor. Espero que possa fazer bom proveito dele e lucrar bastante com essas estratégias.

Ferramentas para Marketing Digital

Toda profissão conta com suas ferramentas, técnicas e métodos; o Marketing Digital não poderia ser diferente. Um grande empecilho no Marketing Digital são os preços das ferramentas. De fato, ferramentas profissionais têm valores em dólares e raramente ficam abaixo dos US$ 100 mensais. Porém, vamos apresentar somente as que são baratas ou que podem ser usadas gratuitamente, mesmo em versão limitada. Veja nossa seleção:

Análise de resultados

- **Google Analytics:** Essa ferramenta gratuita pode te render ótimas informações acerca do tráfego que seu site está recebendo. Com ela é possível descobrir a distribuição demográfica de seus usuários, o caminho que percorrem em seu site e várias informações importantes para sua estratégia.
- **Yoast SEO:** Não é exatamente uma ferramenta para análise de resultados, mas certamente vai ajudar bastante para obter sucesso. O Yoast SEO é um *plug in* do WordPress que informa se um post

está ou não otimizado para mecanismos de busca.
- **Excel:** O Excel é uma ferramenta paga, mas com relação custo-benefício muito boa. A grande maioria das ferramentas de análise fornecem arquivos .csv que podem ser abertos pelo Excel. Isso permite uma análise mais profunda dos resultados, além de tornar possível correlacionar valores.

Design

- **Photoshop:** Sem dúvidas, o Photoshop é a melhor ferramenta para trabalhar com Design dentro do mundo do Marketing Digital. A assinatura com tudo incluso para empresas custa um pouco mais, mas o Photoshop para pessoa física já sai por um valor bem em conta.

- **Canva:** Ferramenta que pode ser usada gratuitamente com algumas limitações, o Canva é como um "Photoshop de bolso". Ele pode ser usado em várias situações cotidianas, principalmente para a elaboração de posts para Facebook e Instagram. No entanto, nem sempre é recomendado para trabalhos mais profissionais.

Ferramentas de gestão do Marketing

- **Bume:** Cuidar das redes sociais pode se tornar um problema principalmente quando precisamos seguir um plano de postagens. Para ajudar com esse problema, o Bume é uma ótima opção. Ele não é uma

ferramenta de gestão gratuita, mas está muito próximo disso. O valor é realmente muito pequeno, custando menos do que um cafezinho no primeiro ano. Do segundo ano em diante terá que desembolsar um pouquinho mais, nada além de dois cafezinhos.
- **MailChimp:** O MailChimp é um sistema de automação de e-mail completo. Sabe o melhor? Ele possui um plano gratuito muito atrativo. Atualmente é possível criar *Landing Pages* e Websites além de modelos para e-mail. A ferramenta é simples e intuitiva, e os planos pagos cabem no bolso com facilidade.

O Marketing Digital está em plena expansão nos dias de hoje. Podemos até dizer que está na etapa de descoberta pelo mercado.

Mesmo que a maioria das empresas já faça uso de algumas técnicas e métodos do Marketing Digital, é raro encontrarmos campanhas corretamente desenvolvidas ou *Landing Pages* profissionais na internet. Existe muito potencial de crescimento e ainda muita coisa a se aprender! Importante lembrar, também, que as ferramentas não se limitam a apenas essas aqui descritas, existem milhares de outras ferramentas, pode ser que nesse momento, está surgindo uma nova ferramenta no mercado. Você sabe muito bem como é a internet, está em constante evolução. Por esse motivo, fique atento ao mercado.

CAPÍTULO VI – Como ganhar presença digital para sua empresa?

A primeira coisa a ser feita é determinar seu público alvo. Assim, com essa informação em mãos, você irá elaborar uma *persona*, ou seja, um cliente fictício que resume seus clientes. Em seguida, vale entender como seus clientes operam através da internet, assim como em quais mídias sociais estão localizados e as possíveis buscas que fazem no Google.

Respondendo perguntas de seus clientes

Antes de procurarem por sua empresa, é muito provável que uma grande parcela das pessoas pesquise na internet primeiro. Dessa forma, esse é um meio poderoso de ser encontrado por elas, conseguindo, portanto, alguns clientes extras. Como vamos fazer isso? Utilizando uma das técnicas mais intrigantes da internet: o SEO.

Quando falamos em mecanismos de buscas, falamos em resposta. Se você parar para pensar, é justamente esse o trabalho do Google: responder uma pergunta feita pelo usuário. Como ele faz isso? Vasculha a internet atrás da resposta como um lobo caçando sua presa! Se você faz uma pergunta, o Google quer responder essa pergunta da maneira mais correta possível para você, da maneira mais precisa e assertiva.

Dessa forma, você pode facilitar o trabalho dele entregando essa resposta, sendo possível através de palavras-chave. Para conseguir dominar algumas palavras-chave, você deve conseguir autoridade, ou seja, deve mostrar para o Google que entende do assunto. Para mostrar isso, seu site deve conter essas respostas para seu usuário e possível cliente. Se o que eles procuram no Google existir no seu site, possivelmente, seu site será mostrado para o usuário. Procure descrever e explicar seus produtos e serviços prestados por sua empresa. Descreva de maneira clara e objetiva, mas sempre lembre de deixar uma opção para seu cliente poder saber mais sobre o que você oferece. Vamos supor que você vende roupas masculinas. Não basta descrever: "Camisa masculina". Procure detalhar cada produto da seguinte forma:

"Camisa masculina de manga comprida com botões na cor do tecido. Tecido de algodão mesclado com outro tecido tal na cor azul e amarelo".

Isso deve ser feito porque os motores de buscas querem ler o texto e verificar se condiz com todo seu conteúdo. O usuário também vai te agradecer muito porque você já disponibilizou tudo que ele precisa saber nessa descrição.

Assim, pense nas perguntas que sua *persona* poderia fazer no Google. Vamos tomar como exemplo que sua empresa seja uma loja de celular. Uma pesquisa possível no Google seria o seguinte: "Celular molhou o que fazer"; "Celular descarregando rápido"; "Como formatar o celular" e assim por diante. Porém, lembre-se de que deve entregar as respostas para o usuário e, para isso, não poupe conteúdo. Procure responder as perguntas do seu usuário, possível cliente, exatamente como ele pergunta.

Se sua empresa já possui um site, ótimo, crie um blog no seu site. Se ainda não possuir, vá atrás de adquirir um o mais rápido possível, pois é necessário. No seu blog, escreva artigos que tratem das possíveis perguntas de seus clientes, e naturalmente o fluxo de serviço irá aumentar. A ideia não é escrever aleatoriamente, e sim disponibilizar um conteúdo que resolva de fato as perguntas da sua *persona*, possível cliente. A pergunta aqui é a seguinte: Quando você precisa de um produto ou serviço, onde você pesquisa? Você pesquisa no Google? Como você pergunta? Lembre-se: seu cliente vai fazer da mesma forma que você.

Uma dica de ouro é elaborar conteúdo periodicamente, pois isso aumenta ainda mais suas chances de ser encontrado na Web. Assim que tiver respondido todas as perguntas que seus clientes podem fazer, procure por conteúdos adicionais sobre o que eles provavelmente gostam. Isso irá reforçar sua presença digital!

Realizar estudos em Marketing

O Marketing é uma área que deve ser considerada com bastante cuidado, pois pode ajudar tanto a expandir quanto a afundar sua empresa. Para que sua empresa cresça, uma ótima estratégia é estudar novas técnicas de Marketing, principalmente o Marketing de Conteúdo.

Em suma, isso significa aprender a dialogar melhor com seus leads e clientes, encontrando a forma correta de lidar com eles. Esse aumento de interação irá aumentar ainda mais o tamanho de sua empresa, fazendo com que sua marca seja reconhecida com mais facilidade.

Busque por inovação

A palavra inovação é muito importante dentro das empresas, pois é ela quem garante a longevidade de um negócio. De fato, a inovação nada mais é do que a capacidade das empresas em atender melhor seus clientes sendo, portanto, uma métrica de eficiência. Nesse sentido, ter uma boa gestão de inovação é fundamental para seu negócio.

O **mercado está sempre em expansão** e buscando por novidades para facilitar a vida das pessoas. Dessa forma, é esperado que a inovação seja uma das estratégias de crescimento. Além disso, lançar novos produtos é uma ótima forma de conseguir **mais espaço em seu setor de atuação**, principalmente se alguns deles caírem no gosto do mercado.

A inovação dentro do ambiente empresarial pode ser estimulada por treinamentos e capacitações dos colaboradores, além de participação em eventos de inovação. Procure sempre manter a inovação em patamares elevados dentro de sua empresa e rapidamente verá sua expansão.

Ter uma empresa especializada é uma ótima ideia para **novos empreendedores**. Porém, empresas já consolidadas devem **buscar a diversificação**. A razão para isso está na segurança que essa diversificação traz para a empresa: mesmo que alguns produtos não apresentem um bom desempenho nas vendas, há uma boa chance de outros produtos **compensarem essa perda.**

Aumentar sua região de atuação

Graças à internet, o mundo se tornou um lugar onde tudo é próximo. Dessa forma, é fácil fazer a transição entre uma empresa nacional para uma internacional nos dias de hoje, pois as barreiras estão cada vez menores.

A ideia de atuar em várias regiões segue a mesma lógica da diversificação de produtos: enquanto as vendas em uma determinada região caem, há uma boa chance dessa perda ser compensada pelas outras regiões. Além disso, ampliar seu alcance ajuda na hora de encontrar mais clientes. Com certeza essa é uma das estratégias de crescimento mais utilizadas hoje em dia.

Fique de olho nos concorrentes

Acompanhar a concorrência tem, em resumo, dois propósitos básicos: evitar ser engolido pelos oponentes de setor e acompanhar as tendências. Dessa forma, ficar de olho nas novidades de seus concorrentes pode ser uma ótima estratégia para manter a competitividade da sua empresa. De fato, algum concorrente pode ter visto uma oportunidade que seus especialistas deixaram escapar; acompanhá-lo irá diminuir essa desvantagem.

Mesmo que sua empresa conte com uma equipe excelente de gestores e estrategistas, alguma coisa ainda irá passar despercebida por eles. No entanto, observar seus concorrentes irá diminuir drasticamente a frequência com que isso ocorre, pois será possível usufruir do trabalho dos colaboradores deles.

No entanto, não gaste o tempo de seus colaboradores apenas fazendo isso, pois também é algo nocivo à sua empresa. Continue seus planos e metas enquanto observa os movimentos do mercado em que está inserido. Isso irá impedir a perda de competitividade de sua empresa.

Algo a ser enfatizado é que não se deve copiar seus concorrentes, mas sim buscar inspiração. Dessa forma, sua equipe deve trabalhar com as informações coletadas com o intuito de gerar competitividade, não de plagiar o trabalho alheio. Ser original é muito importante para uma marca dentro do mercado!

CAPÍTULO VII – Para onde devemos remar?

Algo de extrema importância para empresas é manter uma boa gestão de metas e objetivos. Quando falamos de projetos empresariais, devemos ter em mente operações que irão durar meses e até anos e, por isso, saber como mensurar o sucesso da empreitada é fundamental para encontrar falhas e melhorias. Projetos grandes devem ser subdivididos em metas menores. O ideal é objetivar metas semanais, pois, assim, fica mais fácil saber sobre o andamento do projeto. Se as metas semanais estão sendo realizadas com competência, com certeza o objetivo final do projeto também será alcançado. Essa é uma estratégia usada por grandes corporações ao redor do mundo e é ótima para diminuir o estresse dos colaboradores.

Tenha objetivos claros

Muitas vezes os gestores acabam por não especificar os objetivos que pretendem alcançar com determinada estratégia. Dessa forma, os colaboradores ficam perdidos, acarretando em queda de produtividade.

Assim, uma ótima forma de criar um fluxo de trabalho harmonioso é justamente deixar os objetivos claros para seus colaboradores. Para isso, mostre o que deverá ser feito, assim como o que é esperado dos colaboradores e quais resultados pretende atingir.

Uma dica de ouro é manter uma boa comunicação com sua equipe. Dessa forma, seus colaboradores poderão tirar dúvidas com você, garantindo que a força de trabalho esteja empregada na direção certa.

Torne sua empresa mais competitiva

Para se manter no mercado é imprescindível que sua empresa seja competitiva. No entanto, ao contrário de alguns anos atrás, hoje a competitividade está associada mais com gestão do que com a tecnologia desenvolvida pela empresa. Dessa forma, foi-se o tempo onde deter uma patente era ser competitivo, pois o acesso à informação derrubou muitas barreiras nessa área. Assim, o que dita se uma empresa irá sobreviver ou não no mercado é sua gestão. Porém, quando falamos em gestão, tenha em mente que se trata de todos os ramos desse conhecimento. Inclui-se, portanto, a gestão de pessoas, gestão de qualidade, gestão financeira e assim por diante.

Vamos tratar de algumas aqui que julgamos ser importantes.

Tenha seus colaboradores devidamente treinados para o atendimento

Conforme o mercado se tornou mais digital, um fato curioso ocorreu: as pessoas estão cada vez mais distantes. Dessa forma, um grande diferencial para sua empresa é justamente treinar seus colaboradores para o atendimento aos clientes. Essa necessidade é ainda mais urgente se sua empresa é do estilo convencional, ou seja, um ponto comercial.

Já me ocorreu em uma ocasião, quando eu fui até uma loja física para comprar uma máquina digital fotográfica. A atendente me disse com um sorriso no rosto:

— Boa tarde, como posso ajudar?

— Quero ver essa máquina digital. — Respondi.

A atendente me respondeu que não poderia retirar a máquina da embalagem porque perderia o valor comercial caso eu não a comprasse.

Uma interrogação surgiu imediatamente.

Depois que me retirei da loja, obviamente sem comprar a máquina, eu pensei como essa loja estaria muito à frente da internet se eu pudesse tocar no equipamento, ver, sentir seu peso, experimentar. Isso a internet ainda não pode oferecer. Assim sendo, essa atendente com todos os recursos a seu favor perdeu uma excelente venda. O meu *insight* depois disso foi que, muitas empresas acreditam que apenas um sorriso, simpatia e educação ao tratar o cliente são recursos para um bom atendimento. Não são. Isso apenas, não configura um bom atendimento. O atendimento de excelência é o atendimento que satisfaz os anseios do cliente.

O contato com o cliente deve ser parte do seu negócio, e deve ser a melhor parte do seu negócio. Lembre-se que a venda é uma experiência completa, englobando desde antes da entrada do cliente na loja até sua saída; se possível, realize um pós-venda também!

Mantenha sua papelada devidamente organizada

Uma das maiores dificuldades de toda empresa é manter a papelada organizada. De fato, essa tarefa é bem difícil, e quando algum erro é cometido, a chance de uma multa é grande. Além disso, deixar seus documentos desorganizados torna sua empresa ineficiente, e ineficiência significa perder competitividade e dinheiro.

Uma ótima forma de deixar tudo organizado é pelo uso de um software de gestão em nuvem. De fato, usar um software de gestão irá colaborar muito para a competitividade da sua empresa, além de evitar dores de cabeça por conta de problemas com documentos.

Um software de gestão testado e aprovado no Brasil é o *Nuvem Gestor*, com ele, sua empresa consegue organizar tudo de forma eficiente como estoque e venda, o financeiro e até a parte fiscal. Por fim, o *Nuvem Gestor* também conta com lembretes por SMS e e-mail, além de vir com suporte gratuito e de excelência.

Como vender mais em menos tempo?

Qualquer empresa, independente do nicho de atuação, em algum momento de sua existência experimenta a estagnação. De fato, chega um ponto que parece não haver mudanças no cenário, contando sempre com o mesmo número de clientes, a mesma quantidade de vendas e nenhum crescimento. Porém, esse é só mais um estágio de sua empresa, e como os estágios anteriores, é possível ultrapassá-lo.

As dicas expostas a seguir valem para diversos tipos de empreendimentos, desde que aplicadas corretamente.

O processo de vendas é, em suma, o mais importante dentro da empresa. De fato, qualquer receita que entre na organização é resultado direto das vendas do negócio. Assim, saber como vender mais em menos tempo é uma ótima forma de potencializar seus lucros e manter a saúde financeira de sua empresa.

Aumentar a lucratividade é um desafio, mas pequenos detalhes no dia a dia fazem toda a diferença para o resultado final. Estabelecer horários de ligação e envio de e-mails, ter um *checklist* e demais coisas simples como essas são o grande diferencial para vender mais em menos tempo. A organização vem em primeiro lugar. Vou explicar melhor e aos poucos você vai entender o conceito.

Tenha poucas tarefas no dia

A primeira coisa que a maioria das pessoas pensam sobre produtividade é que precisam se entupir de trabalho. Estão redondamente enganadas. Na verdade, o segredo do sucesso é fazer poucas tarefas ao longo do dia, mas fazê-las com precisão e competência.

Esse é o motivo de existirem diversos profissionais em uma mesma empresa. Com uma equipe diversificada, não há a necessidade de sobrecarregar apenas um colaborador com diversas tarefas, pois cada um desempenha o que sabe melhor.

Assim, desenvolva sua estratégia um dia de cada vez: em um dia, monte uma lista com números de potenciais clientes; no outro, foque em estudá-los e criar uma estratégia de contato.

Faça sempre poucas coisas no mesmo dia, mas as faça bem!

Ordene suas tarefas por prioridade

Como um profissional de vendas, seu objetivo é vender. Dessa forma, foque em todas as atividades que levam a este desfecho e que podem aumentar ainda mais sua performance. A sacada é saber como priorizar suas tarefas mais importantes ao longo do dia.

Em nossa rotina de trabalho cotidiana, existem tarefas que demandam muito tempo e outras que são simples de serem feitas. Porém, mais do que isso, algumas podem ser um divisor de águas em nossa performance, enquanto outras são "mais do mesmo".

Para estabelecer uma rotina eficiente de trabalho é de suma importância encontrar atividades que são rápidas e de alto impacto e colocá-las no topo da sua lista de afazeres. Dessa forma, após completar o essencial, seu dia ficará livre para completar tarefas mais demoradas e de menor retorno. Ambas atividades devem ser realizadas, mas é interessante fazer as de maior impacto primeiro, pois terá mais disposição para tal.

Arregace as mangas e parta para a ação

No fundo, o segredo para vender mais em menos tempo é colocar a coisa em prática. "Ah, mas eu não sei como conversar com o cliente".

Ótimo!

Uma boa forma de aprender a conversar com o cliente é justamente conversando com ele!

Pois é, tem coisas na vida que só se aprendem ao executá-las.

Primeiramente, se você tem o conhecimento do serviço ou produto que está oferecendo, você já possui neste caso o seu argumento de venda. O que seu cliente quer saber é sempre a mesma coisa, seja em qualquer setor que você estiver atuando. Algumas perguntas que podem te auxiliar a pensar e aplicar no seu argumento:

Qual o problema que seu produto ou serviço resolve?

Resolve a dor do cliente?

É econômico em relação ao concorrente?

Possui características e vantagens diferentes que seu concorrente não tem?

O seu prazo de entrega é melhor?

A qualidade do que você oferece é um ótimo custo benefício?

Se você estiver pensando em uma nova estratégia de vendas, monte uma ideia geral dela e coloque em ação. Veja o que funciona e o que não funciona com as ideias que fundamentam sua estratégia. Isso é importante para desenvolver métodos de vendas arrebatadores, pois, como fez testes reais, a chance de furos em sua estratégia é bem pequena.

Não tenha medo de errar, tenha medo de persistir no erro!

Tome cuidado na hora de precificar seus produtos

Muitas empresas, sobretudo aquelas que estão em um ponto comercial, tendem a errar muito nos preços dos produtos. No mundo tecnológico em que vivemos, esse erro pode custar caro, sendo possível até perder laços com clientes fidelizados. Por isso tome cuidado com o preço de seus produtos, pois, se o cliente achar caro, nada o impede de procurar pelo mesmo produto em lojas virtuais.

Antes de precificar seus produtos, dê uma espiadinha na concorrência. Além disso, calcule com precisão todos os custos envolvidos na aquisição do produto, evitando ter prejuízo com sua venda. Lembre-se que sua loja tem um diferencial competitivo em relação a qualquer negócio online: o produto está bem na frente do cliente, facilitando o processo de venda.

Crie um cronograma de promoções

Se você é um empreendedor experiente, deve ter notado que uma boa estratégia vale mais do que o improviso. Uma ótima forma para usufruir dessa máxima é criar um cronograma de promoções. Embora seja algo simples de ser feito, seu faturamento irá aumentar muito quando essa estratégia for bem executada.

Com certeza você acabou de pensar em datas comemorativas, mas nós queremos ir além do trivial aqui: já imaginou usar promoções para rotacionar estoque? Pois é, vender produtos velhos para conseguir produtos novos é uma sacada de mestre, tendo a capacidade de agregar muito valor a sua empresa.

Para essa estratégia ser bem executada, você deve levar em conta sua *persona*. Seja lá o que sua empresa tenha em estoque, com certeza, em algum lugar do mundo, alguém está interessado em comprar seus produtos. O desafio é encontrar essa pessoa. Um cronograma de promoções pode ser usado para isso, mas é preciso definir bem sua *persona*.

Invista na fidelização de seus clientes

Não existe nada mais poderoso do que fidelizar clientes. Porém, também não existe tarefa mais complexa a ser executada do que essa. Sabe como é: tudo que é bom é difícil de conseguir! Uma empresa com clientes fidelizados não passa apuros. Nem mesmo uma pandemia pode abater uma empresa com clientes fiéis, desde que ações corretas sejam articuladas.

Para fidelizar um cliente, você deve entender suas necessidades e angústias, compreendendo o lado dele na história. Além disso, sua empresa deve ser a solução que ele precisa e, se possível, entregar uma experiência completa no processo de venda. Isso engloba o antes, durante e depois da venda ser fechada.

CAPÍTULO VIII – Gatilhos Mentais

"Uma ótima maneira de aumentar suas vendas!"

Você já sentiu uma extrema necessidade de adquirir um produto, mesmo que tenha tido apenas um pequeno contato com ele? Na maioria das vezes, essa sensação ocorre quando navegamos na internet, não é mesmo? Isso pode ser explicado por vários motivos, um dos motivos pode ser os gatilhos mentais.

Gatilhos mentais são decisões tomadas pelo nosso cérebro no "piloto automático", são normalmente decisões tomadas a nível inconsciente. Esses gatilhos mentais são facilitadores que possuímos para que não seja necessário pensar em tudo para realizar determinadas tarefas. Nosso cérebro faz um filtro para saber se determinadas atitudes precisam de mais ou menos atenção nossa. Quando o cérebro entra nesse modo, ele faz tudo de maneira automática, sem necessitar da nossa consciência para realizar algumas ações. Neste caso, podem ser usadas técnicas que levam o usuário a ativar esses gatilhos mentais e, assim, executar uma ação simples ou evocar uma sensação ou um sentimento estratégico para aquele momento.

As palavras têm muito poder e isso já sabemos há muito tempo. A técnica de escrita persuasiva, também conhecida como *Copywriting*, existe há pelo menos 100 anos. Por meio de palavras bem posicionadas, o redator consegue transmitir uma sensação para o leitor, podendo ser boa ou ruim, dependendo do objetivo. Em relação ao mundo das vendas, os gatilhos mentais são os principais métodos desta técnica de escrita, pois aproveitam dessa "fragilidade" do cérebro para persuadir o leitor. Dessa forma, esse tipo de comunicação tem embasamento biológico e está intimamente relacionado à forma como evoluímos ao longo dos anos.

Os gatilhos mentais essenciais para qualquer *Copywriter* são seis, sendo eles:

- Escassez;
- Urgência;
- Autoridade;
- Reciprocidade;
- Prova social e;
- Porquê.

Esse é o kit básico de qualquer boa carta de vendas ou texto persuasivo. Existem outros gatilhos mentais além desses, porém esses são os que julgo mais importantes por serem os mais utilizados, por serem os mais fáceis de serem utilizados e por serem mais eficientes. Dominando esses conceitos, com certeza você conseguirá vender muito mais em seu negócio, seja lá em qual ramo estiver trabalhando. Vou mostrar como você pode usar e abusar dessa técnica altamente rentável. Preste bastante atenção na aplicação de cada gatilho, pois esses gatilhos são poderosos, mas se usado de maneira errada, podem destruir sua estratégia.

Antes de tudo, no próximo capítulo, vou te explicar a diferença entre manipulação e persuasão. Vamos nessa!

Qual a diferença entre manipulação e persuasão?

É muito comum pensarmos que manipulação e persuasão são sinônimas, quando na verdade são coisas muito diferentes. A persuasão, neste caso que estamos tratando, deve ser entendida como um reforço ao que o possível cliente já está predisposto a fazer. Assim, quando queremos escrever um texto persuasivo, devemos compreender o que se passa na mente do usuário para que possamos apontar nossa solução como a ideal para ele.

Portanto, não queremos enfiar um produto goela abaixo do leitor, mas sim dar um empurrãozinho para que ele escolha o nosso produto ao invés do produto do concorrente, ou fazer com que esse usuário compre agora e não deixe para depois; o que poderia ser um desastre nas vendas.

Como meu pai dizia: "Macarrão se come quente!"

Deixar para depois, o cliente poderia desistir por algum motivo qualquer.

Já a manipulação, como você deve ter imaginado, é como se estivéssemos tentando vender neve para um esquimó. Que por razões óbvias nem preciso explicar aqui. Por mais que a ideia pareça bonita, ela não funciona na prática, e atualmente chamamos essa estratégia de marketing antigo ou marketing obsoleto. Tentar vender um produto para um cliente que simplesmente não deseja adquiri-lo é loucura, e por isso essa prática deve ser abandonada. Mas você poderia me perguntar:

— Júlio César, não seria então correto gerar o desejo de compra deste possível cliente? Se a sua estratégia é criar clientes fiéis, como eu já disse anteriormente, você não obterá nenhum sucesso vendendo um produto que não cumpre o prometido ou vendendo algum produto enganoso.

Entendeu a diferença entre persuasão e manipulação? Agora vou começar a explicar um pouco sobre cada gatilho mental citado anteriormente.

Escassez

"São poucas unidades e você vai acabar ficando sem!"

O gatilho da escassez é um dos mais poderosos, na minha opinião.

"O homem é por natureza um animal social", disse Aristóteles. E como tal, nós não queremos ser excluídos de nenhum grupo. Já imaginou perder a oportunidade de comprar o último Celular da promoção? Justo aquele que você mais queria e até chegou a guardar dinheiro para comprar. O pior de tudo: todos os seus amigos possuem aquele Celular também, menos você! Olhando para a frase "últimas unidades" em uma loja virtual, é bem provável que você acabe pelo menos colocando o produto no carrinho, não é verdade? Esse é o poder do gatilho da escassez.

A maioria das empresas começou a usar esse gatilho sem querer. Ao colocarem "últimas unidades" realmente por necessidade (eram de fato os últimos produtos do estoque) perceberam que as vendas aumentaram muito. O gatilho mental da escassez funciona dando um solavanco no cérebro do usuário, pois coloca o raciocínio contra a parede afirmando que se não comprar agora, pode ser que daqui a pouco não exista mais esse produto. Assim o usuário sente uma sensação de perda antecipadamente e, para evitar que aquela sensação se prolongue, acaba comprando o produto naquele momento.

Por fim, é importantíssimo que a escassez seja real. Dessa forma, se estiver escrito "vagas limitadas" ou "apenas 10 produtos no estoque", é importante que o usuário fique de fora caso as vagas acabem, assim como o botão de compra seja desabilitado após as 10 vendas. Seja honesto e não faça mal-uso deste gatilho mental, caso contrário você vai perder credibilidade. Além de tudo, poderá gerar um efeito totalmente contrário do que se espera com o gatilho da escassez.

Urgência

"Este tópico vai sumir em 30 segundos, leia agora ou fique sem o conteúdo!"

Quer deixar uma pessoa frustrada de verdade? Restrinja suas opções de escolha ou apenas ameace fazer isso. De fato, essa sensação é tão forte em nós, seres sensíveis, que é um dos gatilhos mais poderosos que existem para vendas. O princípio do gatilho mental da urgência segue o da escassez, mas tem um apelo quanto ao tempo. "Se você não comprar essa *bicicleta* agora, pode ser que nunca mais esteja à venda!".

O motivo do gatilho mental da urgência dar certo está na sensação de impotência. Ninguém gosta de se sentir impotente, e este gatilho explora justamente essa fraqueza.

Depois que o prazo esgotar, a única opção que o usuário terá é de ficar sem o produto; e não há nada que ele possa fazer para reverter esse cenário, pois não comprou dentro do prazo indicado. Esse é o anseio que vai pairar na mente do usuário ao ver uma contagem regressiva perto de um botão de "comprar".

Além disso, outro ponto importante deste gatilho é a procrastinação. Todos nós somos procrastinadores em algum nível, e isso também é verdade quando o assunto é fazer compras. Ao determinar um tempo em que é possível realizar a compra, o usuário não terá outra opção a não ser refletir sobre a ação naquele momento, evitando que procrastine o ato de comprar. Em geral, sempre que os usuários deixam para comprar depois, acabam desistindo da aquisição; e isso é uma coisa que não queremos.

Reciprocidade

"Um presente requer outro presente"

O gatilho mental da reciprocidade é o motivo de algumas pessoas serem tão populares na escola e outras não: quando somos legais com as pessoas, elas tendem a ser legais conosco também. Esse é o princípio por trás da reciprocidade. No entanto, é impossível ser legal com outras pessoas somente na superfície, pois rapidamente somos desmascarados; acontece o mesmo quando empregamos esse gatilho mental de forma incorreta nos negócios.

Para que funcione, é necessário entregar um produto de qualidade para a *persona*. É muito importante que seja algo feito com carinho e cuidado, além de ser algo realmente de valor para ela. Não adianta fazer um produto genérico e esperar algum retorno:

primeiro você deve entregar valor e só depois receberá algo em troca. O ideal é não esperar retorno de sua ação para não prejudicar a fase de desenvolvimento do que será oferecido gratuitamente.

Uma estratégia bastante usada nas lojas de perfume está relacionada com os famosos frascos de amostra. Entregar apenas um vidrinho de perfume de 5 mL para um cliente em potencial, deixa uma sensação de retribuição para com a loja, aumentando as chances de vendas no curto prazo, além de ajudar na fidelização de clientes. Porém, o presente não precisa ser necessariamente um produto físico, podendo ser um conteúdo interessante ou até mesmo algum agrado que a pessoa deseja. Poderia ser, por exemplo, uma amostra grátis do seu produto ou serviço. Neste sentido, a *persona* se sente de forma natural a retribuir o favor. Seja cadastrando o e-mail em sua lista, comprando um produto seu, ou divulgando seu conteúdo para os amigos, enfim, existem várias outras situações em que você poderá utilizar do gatilho mental da reciprocidade.

Autoridade

"Eu entendo do assunto, faça como eu digo e terá sucesso!"

A autoridade é justamente o que você está pensando: uma pessoa domina tão bem um determinado assunto que acaba se tornando uma referência. Porém, existe um lado pouco comentado da autoridade, e pode ser por causa disso que você levava uma blusa de frio para a escola quando sua mãe pedia. Mesmo sabendo que não haveria punição por não levar a blusa, ela estava sempre com você, não é mesmo? O motivo disso é que nossas mães possuem autoridade quando o assunto é viver, e desobedecer a nossa mãe parece errado. Imagine um médico dando conselhos nutricionais, mesmo não sendo ele um nutricionista, você vai acatar o que ele está dizendo, mesmo esse médico estando enganado. Isso é mais comum do que se imagina. Você faz uma conexão lógica, se ele é especialista em saúde, logo, tudo que disser será verdade.

Criar autoridade é um verdadeiro desafio. No entanto, é indispensável para empresas que querem dominar seu nicho de atuação. Já parou para pensar como a moda funciona? Mesmo sendo impensável utilizar a maioria dos figurinos apresentados nos desfiles, eles estão sempre lá, sendo aplaudidos e aclamados pelo público. Afinal de contas, se o fulano, que é referência em moda, disse que aquele *look* é bonito, então ele é verdadeiramente bonito e todos devem pensar assim também.

Um ótimo exemplo de autoridade pode ser visto no hospital. Se uma pessoa vestida com roupas casuais quisesse aplicar uma injeção em seu braço, você deixaria? E se ela estivesse vestida como um médico? É impressionante como um simples mudar de roupas gera autoridade para uma pessoa, não é mesmo? Para sua empresa ganhar autoridade, ela deve estar "vestida de médico", ou seja, mostrar que tem competências e um histórico de sucesso comprovado, além de mostrar confiança durante a atuação.

Prova social

"10.000 pessoas adoraram o produto ou serviço!"

Uma coisa que deixa as pessoas em alerta é ser a primeira em alguma coisa, principalmente quando a experiência pode ser ruim. Que tal experimentar esse remédio novo? Você vai ser o primeiro do mundo a receber uma dose e ninguém sabe ao certo o que vai acontecer. E aí, topa o desafio? Eu com certeza não topo.

A prova social está relacionada com o comportamento de bando que herdamos de nossos ancestrais. Se todos estão indo por um lado, temos que fazer um certo esforço para ir para o lado oposto. Sentimos desconfortáveis em ir para o lado oposto. Esse é o princípio da prova social: é muito mais fácil pegar o "caminho comum" do que fazer algo diferente. Não está convencido de que somos assim? Deixa eu te contar sobre um experimento realizado na década de 60.

Em 1968, um grupo de pesquisadores, ao qual o psicólogo Stanley Milgram fazia parte, estava interessado em compreender o "comportamento de bando" dos seres humanos. Para isso, colocaram pessoas no meio de uma calçada movimentada para ficar olhando para o céu. No primeiro caso, iniciando com somente um indivíduo, o resultado era que cerca de 40% das pessoas que passavam pelo local pararam para olhar na mesma direção que esse primeiro. No entanto, quanto mais pessoas olhavam para o céu, maior era a chance de os pedestres pararem e vasculharem o céu. Iniciando com quatro pessoas, cerca de 80% dos pedestres não resistiam à tentação de olhar para o céu.

Independente se o motivo era medo, raiva, curiosidade ou hesitação, ficou provado que quanto mais pessoas optam por determinada opção, mais somos motivados a fazer o mesmo. Esse é o poder da prova social: ela induz outras pessoas a agirem de uma determinada forma só porque outras tantas fizeram o mesmo.

Porquê

"Tenha um motivo para vender seu produto."

Na verdade, nem precisa ser um bom motivo para vender, pois só o fato de existir um motivo já é o suficiente. No entanto, não sou eu quem está dizendo isso, mas sim Robert Cialdini, o escritor do livro *Influence*, um dos mais importantes quando o assunto é compreender a mente das pessoas. Em seu livro, Cialdini percebeu que ter um motivo, mesmo que bobo, aumenta muito suas chances de alcançar o sucesso. Para concluir isso, o autor examinou um estudo que apresentava a importância das palavras na hora de conseguir algum favor; para ser mais específico, foram analisadas frases para justificar passar na frente de outras pessoas em uma fila de xerox.

Um pedido como "Com licença, tenho 5 páginas. Posso usar a máquina de xerox?" alcançou 60% de sucesso. No entanto, quando um motivo era apresentado, como estar com pressa ou simplesmente precisar fazer cópias, essas frases atingiram mais de 93% de sucesso. Isso prova a importância de se usar o "porquê" em sua estratégia de vendas. Mesmo que seja um motivo "furado", ele ainda vale mais do que quando não se tem nenhum motivo.

O princípio por trás do sucesso do porquê é que as pessoas gostam de entender o motivo do que estão fazendo. Isso gera coerência em relação aos seus pensamentos e comportamentos, o que diminui conflitos internos e torna a atividade mais simples e prática.

***

Esses são alguns dos gatilhos mentais mais importantes. No entanto, nem de longe o mundo do Copywriting se resume apenas a esses gatilhos: existem vários outros gatilhos mentais a serem explorados, assim como técnicas de colocação de palavras e coisas do gênero. Por esse motivo, deixei disponível gratuitamente no meu site, um e-book que fala um pouco mais desses gatilhos. Se bem aplicadas, as técnicas que apresentei aqui, acredito que são as mais importantes e também as mais utilizadas, podem te ajudar a alcançar seus objetivos de vendas.

Adiante, vamos falar um pouco da gestão de empresas com uma abordagem bem direta e objetiva. Importante lembrar que estes conceitos são aplicados em todo tipo de empresa sendo de suma importância para qualquer empresa que deseja alcançar o sucesso. Não poderia deixar de trazer os pontos vitais para isso. Indicativos da empresa, análise SWOT, NPS e gestão financeira. Lembre-se que a ideia aqui é tornar o assunto menos complexo possível e aplicável para qualquer tipo de empresa. Seguimos.

CAPÍTULO IX – Indicativos de uma empresa saudável

Embora algumas pessoas por aí vendam a ideia de glamour no empreendedorismo, na verdade abrir e gerenciar uma empresa pode ser resumido a impostos, noites em claro e muito estresse. Além disso, muitos empreendedores acabam por deixar de checar a saúde de seu empreendimento e, por isso, entram em um estado de falência natural. Ver uma empresa desfalecendo é uma das piores coisas que existe.

Porém, para que isso não ocorra com o negócio, o empreendedor deve ficar de olho em alguns detalhes importantes, pois, no menor sinal de resultados negativos, é importante agir rapidamente para salvar recursos e até mesmo aproveitar oportunidades. Veja alguns indicativos de que a empresa está saudável.

Existem vários indicativos matemáticos de que a empresa está saudável, mas é possível tirar um raio X apenas acompanhando seu dia a dia. De fato, são raros os casos onde empresas foram à falência do dia para a noite, existindo, portanto, todo um processo característico. Dessa forma, alguns detalhes podem dizer se a empresa está rumando para esse desfecho ou se irá crescer rapidamente. Vamos aos indicativos.

Equipe harmoniosa e devidamente treinada

De longe, ter uma equipe harmoniosa é um grande indicativo de que a empresa está saudável. Porém, apenas isso não basta, pois, o treinamento dos colaboradores também é importante. Uma empresa nada mais é do que uma organização de pessoas com habilidades diferentes trabalhando para um mesmo propósito. Assim, quanto melhor a qualidade das pessoas que a compõem, melhor a qualidade da empresa.

Outro ponto importante é a rivalidade dentro do negócio. É comum, por exemplo, existir um grau de rivalidade entre os colaboradores que, quando na medida certa, acaba beneficiando a empresa. Porém, uma rivalidade interna exagerada comprometerá toda a estrutura organizacional, colocando em risco todas as operações dentro da organização.

Uma boa dica para manter a equipe com laços de amizade é realizar gincanas com os colaboradores. Assim, a atividade irá aproximá-los um pouco mais, fazendo com que se compreendam e dialoguem melhor. Essa aproximação é fundamental para manter uma equipe unida e engajada no trabalho, além de diminuir disputas internas desnecessárias.

Ter uma boa gestão

Quando comecei a empreender na internet, percebi muito rapidamente que meu negócio precisava, acima de qualquer coisa, de uma boa gestão profissional. Como na época eu não sabia nada de gestão (ou eu tinha apenas um minúsculo conhecimento sobre o assunto), eu tive que buscar outras maneiras para gerir o negócio da maneira correta. Uma das diversas formas que encontrei foi buscar informações e começar a estudar tudo sobre o assunto.

Talvez até exista, mas eu ainda não conheço nenhuma empresa que alcançou o sucesso sem se dedicar à gestão ampla do negócio. O sucesso ao qual eu defino aqui, não é o alcance de números elevados e sim, de uma empresa sustentável, que gere lucros expressivos. Que consiga alcançar os objetivos almejados pelo empreendedor.

Hoje, com os softwares desenvolvidos por nossa empresa, focamos no objetivo principal que é ajudar empreendedores a gerir seus negócios por meio de um sistema de gestão que foi desenhado para oferecer praticidade, agilidade e organização. No início, o objetivo era acabar com a papelada, depois, percebemos que além de acabar com a papelada, as empresas precisavam também de agilizar alguns procedimentos que mesmo que algumas empresas faziam no computador, ainda assim eram feitos de maneira manual. Neste caso pensamos em agilidade.

A gestão de uma empresa é um forte indicativo sobre sua saúde, e uma forma de medi-la é pela quantidade de informação que o empreendedor possui sobre seu próprio empreendimento. Dessa forma, é de vital importância que se saiba sobre os lucros, fluxo de caixa, reserva de emergência e demais informações importantes, pois, caso não estejam indo bem, será possível agir antes de acontecer grandes perdas.

Feedback dos clientes

Mais importante do que passar uma boa impressão para seu cliente, é saber o que ele pensa da sua empresa.

Existem várias técnicas que podem ser usadas para medir a satisfação do seu cliente em relação a sua empresa, e uma delas é o NPS. Por ser simples, rápido e fácil, ele é utilizado em praticamente todas as grandes empresas ao redor do mundo. Essa medida consegue condensar um grande volume de informação em apenas alguns números, ajudando na hora de averiguar o sucesso de sua empresa. Então como aplicar esse NPS?

NPS

O NPS consiste em uma forma de medir quantitativamente e qualitativamente o desempenho de sua empresa. No entanto, ele requer que o cliente responda apenas duas questões:

- "Em uma escala de 0 a 10, quanto você recomendaria nossa empresa para um amigo?"

- "Por que você escolheu nosso produto?"

Embora possa parecer pouco, essas duas questões conseguem entregar muito mais informação do que parece. De fato, a escolha da indicação para um amigo é um ponto importante, pois, se o cliente indica para um amigo, indicará, também, para seus familiares e assim sucessivamente. Desta forma você já sabe se esse cliente gosta da sua empresa e em que grau ele gosta da sua empresa.

Com esses dados coletados, você poderá fazer o cálculo para saber em que grau sua empresa se encontra em relação à pesquisa NPS. Vamos ver como podemos fazer o cálculo. Existem sistemas de pesquisa que já vão te entregar esse cálculo feito, mas é importante você entender como que se chega no resultado, é isso que pretendo explicar a seguir.

Cálculo do NPS

A sigla NPS significa *Net Promoter Score*, ou seja, está relacionado com o ato de promover seu produto. Ele mede, em essência, o quanto seus clientes estão dispostos a agir como promotores de sua empresa. Para realizar o cálculo, vamos categorizar as pontuações do teste, ficando com as seguintes categorias de clientes:

- 9 e 10 – Esses clientes são chamados de ***promotores***, pois certamente indicarão sua empresa para terceiros;
- 7 e 8 – Podemos considerá-los ***neutros***;
- 0 até 6 – Esses clientes podem depreciar sua marca, assim como causar problemas nas redes sociais. Eles são chamados de ***detratores*** e com probabilidade imensa de prejudicar sua empresa.

O NPS é calculado da seguinte forma:

NPS = 100*(promotores − detratores) / total.

Ao fazer isso, você terá em mãos um valor entre 0 e 100 percentuais, indicando o sucesso de sua marca. No entanto, é importante levar em conta o setor de atuação de sua empresa, pois uma pontuação de 80, por exemplo, pode ser baixa em um setor, mas muito alta em outro. Cuidado com interpretações equivocadas! Procure saber qual o número ideal que você pretende alcançar no seu caso concreto.

Agora que você aprendeu como calcular o NPS, vamos entender melhor os benefícios de usar essa métrica em sua empresa. Veja alguns deles.

Fácil de ser aplicado

Um dos maiores benefícios do NPS é sua facilidade em ser aplicado. De fato, um cliente consegue responder essas duas perguntas em menos de 5 minutos, o que contribui muito para o desenvolvimento de sua empresa. O importante a ser considerado é que o cliente irá responder essas perguntas. Se o teste fosse muito grande, por exemplo, a possibilidade de ser respondido de qualquer jeito ou nem sequer respondido seria enorme, dificultando um bom *feedback*.

Visão abrangente

Outra grande vantagem deste teste é a visão abrangente que proporciona. A visão do cliente é muito mais crítica do que a de qualquer pessoa dentro da empresa, o que acarreta, portanto, em um ponto de vista diferente acerca de seu negócio. Com essas duas perguntas simples, é possível descobrir falhas críticas na equipe de vendas, por exemplo, que passariam despercebidas por anos.

CAPÍTULO X – SWOT

Saber fazer uma análise SWOT de seu negócio, seja você um gestor, empreendedor ou administrador de empresas, é de extrema importância para a tomada de decisões. No entanto, a maioria das pessoas que diz saber dessa técnica não consegue aplicá-la na vida real, deixando de aproveitar oportunidades de crescimento.

Por essa análise SWOT, é possível observar de forma profunda a empresa, permitindo uma compreensão abrangente de como ela funciona e interage com o mercado. De fato, olhando nos pormenores, é possível descobrir tanto os pontos positivos, quanto os pontos negativos, facilitando o próximo passo.

Devido à sua facilidade de aplicação e abrangência metodológica, pode ser utilizada para fazer qualquer tipo de análise de cenário ou ambiente, desde uma pequena empresa à gestão de uma multinacional.

Para entender melhor essa análise, vamos começar com os fundamentos do SWOT.

Fundamentos da análise SWOT

Os fundamentos da análise SWOT ficam claros quando compreendemos os 4 pontos de análise, sendo eles:

Forças (*Strenghts*)

Fraquezas (*Weaknesses*)

Oportunidades (*Opportunities*)

Ameaças (*Threats*)

Além disso, é importante destacar os conceitos de ambiente interno e externo. O ambiente interno compreende todos os pontos que a empresa tem controle, e o externo é o que sobra. Entender esses conceitos tornará mais fácil sua análise SWOT.

Vejamos cada um dos pontos de análise.

Forças

Podemos colocar em "forças" tudo aquilo que faz parte de seu ambiente interno e representa uma vantagem competitiva. Dessa forma, podem ser meios, processos e métodos, assim como formas de gestão dentro da empresa. Características físicas da empresa também contam.

A localização de um hotel, por exemplo, se for boa, pode ser considerada como uma força.

Fraquezas

As fraquezas são o oposto das forças, sendo elementos internos que desfavorecem a empresa perante a concorrência. Só para exemplificar, uma fábrica de sapatos localizada em uma região inóspita, por exemplo, tem como fraqueza sua localização, pois será difícil transportar seus produtos até as lojas e centros de vendas.

Oportunidades

As oportunidades têm caráter estocástico e estão intimamente relacionadas com o ambiente externo. Assim, todo e qualquer cenário externo que viabilize algum ganho para sua empresa é considerado uma oportunidade.

Quando o Brasil foi escolhido para sediar as Olimpíadas, por exemplo, existiu um cenário de oportunidade para empresas aéreas e turísticas.

Ameaças

As ameaças, como você já deve ter imaginado, são eventos externos que criam problemas para seu negócio, e sobre os quais você não tem controle. Dessa forma, os incêndios florestais na Califórnia, por exemplo, causaram perdas de vidas humanas e também problemas para empresas locais, entrando na categoria de ameaças.

Além disso, as ameaças podem ser sutis, como o preço de combustível ou o valor do dólar. De fato, esses fatores podem atuar de forma inesperada contra sua empresa, e por isso é importante ficar de olho em tudo.

Montando a matriz SWOT

Agora que você sabe os fundamentos por trás das análises SWOT, ficará bastante simples montar sua matriz. Para fazer isso, siga os seguintes passos:

- Reflita e anote suas forças
- Determine suas fraquezas
- Enumere as oportunidades
- Liste suas ameaças

Feito isso, procure relacionar as informações que tem em mãos da seguinte forma:

- Quais forças podem ajudar quais oportunidades?
- Suas forças podem lidar com as ameaças?

- Quais fraquezas podem resultar perda de oportunidades?
- Suas fraquezas agravam suas ameaças?

Agora você sabe como fazer um panorama de uma empresa, sabe identificar os pontos fortes e fracos, além das ameaças e oportunidades, assim como já tem algumas ideias do que fazer a seguir. Embora pareça muito simples, a análise SWOT é extremamente poderosa.

Ótimo. Agora vamos seguir com a gestão financeira.

CAPÍTULO XI – Gestão Financeira

A **gestão financeira** é uma das áreas mais importantes dentro de uma empresa e deve ser feita de forma correta. No entanto, embora alguns empreendedores acreditem que dominam esse tema, na hora da prática, acabam por **cometer erros graves de gestão.** Assim, com o intuito de evitar alguns erros na sua empresa, vamos falar um pouco sobre isso.

Uma boa **gestão financeira** é mais complexa do que muitas pessoas pensam. De fato, é comum pensarmos que ela só fala de dinheiro, quando na verdade cuida também do estoque e dos clientes. Dessa forma, na hora de gerir uma empresa, o gestor necessita de **informações detalhadas** sobre diversos pontos do negócio, não apenas da contabilidade.

A gestão financeira correta

A gestão financeira é constituída de **diversas análises** relacionadas com as finanças de uma empresa, tais como a captação de recursos, manutenção de patrimônio e até sua administração. Assim, pode-se dizer que gestão financeira tem como objetivo **aumentar os ganhos da empresa** por meio de estratégias e métodos diversos.

Para fazer essa análise vital de seu negócio, é **importante saber** onde estão concentrados seus investimentos, qual o retorno deles e suas despesas de operações. Além disso, saber o histórico de atividade e seus resultados também faz parte da gestão financeira; por isso, tome cuidado com os conhecimentos produzidos dentro de sua empresa, pois eles **têm valor inestimável**.

O controle de caixa, gestão de clientes e até o giro de estoque são indicadores que **devem ser levados em conta** na hora da gestão financeira, pois têm impacto direto na saúde financeira da empresa.

Vamos ver cada um deles com mais detalhes!

Controle de caixa

O controle de caixa é de suma importância na hora de **tomar decisões** dentro da organização. De fato, é com ele que o gestor sabe o quanto a empresa irá receber, as despesas a pagar, projeções de curto, médio e longo prazo, assim como outras informações importantes.

Giro de estoque

O giro de estoque possui um papel fundamental dentro da **gestão financeira**, pois está relacionado ao **dinheiro parado** na empresa por conta de materiais ainda não vendidos. Além disso, o giro de estoque traz informações relevantes sobre a **liquidez da empresa** e, consequentemente, sobre sua capacidade de honrar suas dívidas.

O ideal é ter produtos suficientes para **não faltar na hora das vendas**, mas não muito a ponto de **sobrar no fim do mês**. Estoque parado é prejuízo. Isso todo empreendedor deve ter em mente. Para que isso seja feito, é importante realizar um estudo das **movimentações do estoque** da empresa, o que ajuda o gestor no momento de decisões importantes.

Gestão de clientes

Por fim, a gestão de clientes deve ser levada em conta na hora da gestão financeira. O motivo disso é simples: no fim das contas, **são seus clientes que realizam toda a movimentação de dinheiro** dentro da empresa. Assim, capitar e reter novos clientes é vital para a sobrevivência do negócio por longos períodos de tempo, assim como a **manutenção de clientes** antigos. Uma dica importante é o seguinte: conquistar um novo cliente custa mais caro do que se relacionar com o cliente que você já possui. Assim sendo, antes de sair correndo atrás de novos clientes para aumentar o faturamento da sua empresa, procure entender se você pode ofertar novos produtos ou serviços para os clientes que você já possui. Isso é o melhor a se fazer, mesmo que seu custo de aquisição de novos clientes seja baixo. É possível que para um velho cliente, as principais objeções já tenham sido quebradas.

Para a aquisição de um novo cliente, você terá que começar tudo do zero, desde conquistar a confiança, até o momento que ele comprará um produto ou serviço da sua empresa. Pense nisso.

CAPÍTULO XII – Geomarketing

O geomarketing utiliza dados geográficos, como mapas, para avaliar o melhor local para viabilizar ou expandir o seu negócio. Nestas ocasiões, é fundamental refletir sobre a localização, os custos com aluguel/condomínio, além de inserir o seu negócio estrategicamente. Por isso, eu resolvi colocar algumas questões para utilizar o geomarketing a seu favor. Mas você deve me perguntar:

— Julio, se eu pretendo investir em um negócio pela internet porque preciso saber disso?

Te respondo a seguir.

Imagine que você deseja criar uma loja virtual, onde você precisará entregar seu produto pelo correio ou por transportadora. A sua localização permite um fácil acesso e um custo baixo para postar suas encomendas? Isso é apenas um exemplo. É importante saber aqui que a localização da sua empresa pode ter várias influências sobre o seu negócio. Então vamos a mais detalhes.

Viabilidade do Produto ou serviço

Antes de escolher o local, que tal realizar uma pesquisa de mercado na vizinhança? Entenda o estado, a cidade, o bairro e conheça a comunidade. Avalie se eles se interessam pelo seu produto, quais necessidades você pode satisfazer, quais produtos podem ser mais vendidos, e quais talvez vendam menos. Afinal, não adianta você vender um excelente produto se o público ao seu redor não possui interesse de comprá-lo.

Análise do Público

Entender o público e sua demanda é a chave para um investimento de sucesso! Analisar o que a população da região compra, qual a renda média, além do gasto médio com produtos ou serviços do ramo que você pretende inserir é fundamental. Busque descobrir quais são os hábitos de consumo para esse seu nicho pesquisado. Qual o perfil dessas pessoas e se elas se encaixam no perfil que você deseja atingir.

Variáveis do imóvel

Além do bairro e público é necessário analisar também aspectos do possível ponto comercial do seu negócio. Se você precisa entregar seus produtos por correio ou transportadora, é importante avaliar também sua localização, porque o custo do frete em algumas situações também pode ser importante para definição de preço. Você precisa avaliar todas as questões relacionadas aos custos, como valor do aluguel e se necessita de reforma. Pondere também o que te atende melhor, alugar ou comprar?

EPÍLOGO

Termina aqui?

Para inúmeras questões que tratamos até o momento, sabemos que para cada tópico que percorremos, caberia ainda inúmeras explicações, incontáveis exemplos e uma diversidade gigante de informações relevantes, tendo em vista que aqui tratamos de temas tão abrangentes como marketing, empreendedorismo e administração, que são complexos por si só. Esse é um dos motivos que faz com que, ao trazer esse conteúdo em poucas páginas, eu tenha procurado sintetizar uma ideia geral, para que não a tornasse repetitiva, além de ter explanado aqui aquilo que julguei mais relevante. Por outro lado, não seria justo dizer que tudo que tratei até aqui esteja completo, e contemplaria realmente tudo que precisamos saber, pois penso que poderia dar destaque a vários tópicos com mais profundidade, possivelmente uma continuidade em um próximo livro.

Ainda assim, espero que esse livro lhe traga uma luz para auxiliar na conquista do sucesso em seus empreendimentos, que muitas vezes, sabemos não ser nada fácil. Quando eu comecei a empreender, eu daria tudo para ter acesso a um conteúdo como esse, simplificado, didático, exemplificado e compilado.

Por isso, compartilhei aqui o que para mim, humildemente foi de grande valor sabê-los.

Muito Obrigado!
Júlio César Jacovine

CONTATOS COM O AUTOR
Instagram: @juliojacovine